AF339709

DU RÉTABLISSEMENT

DE L'ORDRE

DANS LES FINANCES,

Par une organisation nouvelle de la Trésorerie et de la Comptabilité.

Par PAULIN CRASSOUS, citoyen français.

Quid verum atque decens curo et rogo, et omnis in hoc sum.
HOR. *epist. I, lib. I, v.* 11.

A PARIS,

CHEZ FORGET, Imprimeur - Libraire, rue des Grands-Augustins n°. 25, en face celle Christine.

Et chez les Marchands de Nouveautés.

FRIMAIRE AN VIII.

A BONAPARTE,

Membre de l'Institut national, et premier Consul de la République française.

———

Que fais-je ? Quelle audace extrême !
Dérober un tems précieux
Au héros *qui voit par ses yeux*,
Et qui gouverne *par lui-même !*
Puis un ouvrage sérieux
Présenté de cette manière !
Et pourquoi non ? Pouvais-je mieux
Produire une telle matière ?
C'est en vers que l'on parle aux Dieux.
Je sais bien qu'au siècle où nous sommes,
La poésie est un travers ;
Mais autrefois tous les grands hommes
Lisaient, fesaient même des vers.
En faveur de la ressemblance,
De grace, un moment d'entretien ;
Et d'ailleurs mon écrit vaut bien
Qu'on le lise de préférence ;
Car il remet l'ordre en finance,
Et sans argent l'on ne fait rien.
Mon premier but est d'être utile ;
Cette attrayante illusion
M'a rendu le travail facile,
Et n'exclut pas l'ambition ;

J'entends l'ambition honnête.
Si, sur la Comptabilité,
(Hélas! quel mot pour un poète!)
J'ai su jeter quelque clarté;
Si je possède la science
De la recette et la dépense ;
Enfin, si l'assiduité
M'a fourni quelqu'expérience,
Je vous l'offre; sans vanité
Ce n'est pas de refus, je pense.
Peut-être l'on objectera
La littérature et mon âge ;
Propos jaloux, vain radotage
Que votre esprit rejetera.
Bien que les muses soient légères,
On peut, avec d'autres lumières
Les caresser quelques instans;
On peut à son septième lustre,
Non, comme vous, avant trente ans
Effacer ce qu'ont fait d'illustre
Tous les héros des anciens tems,
Mais, sans passer pour téméraire,
Prétendre en esprit, en talens,
Egaler un sexagénaire.
Allons, de quelques sots méchans
Méprisons la vieille cabale ,
Et créons, à leur grand scandale,
La faction des jeunes gens.

DU RÉTABLISSEMENT

DE L'ORDRE

DANS LES FINANCES,

Par une organisation nouvelle de la Trésorerie et de la Comptabilité.

Tout homme qui réfléchit est convaincu qu'un Etat ne peut subsister qu'autant que les fonds provenant des impôts arrivent à leur destination, et qu'il ne se commet aucune dilapidation par ignorance ou mauvaise foi dans le maniement des deniers publics. Or, l'unique moyen d'obtenir ce résultat, est de former un établissement qui surveille ce maniement, arrête les comptes des divers trésoriers et payeurs de la nation, et dénonce les abus qui peuvent se glisser dans l'administration des finances. Cet établissement est ou un tribunal, ou une commission de comptabilité, dont les membres, indépendans de toute autre autorité, jugent en dernier ressort les questions qui dérivent de cette administration. Néanmoins, malgré l'importance d'une comptabilité nationale, et la nécessité de fixer les lois qui doivent servir de base tant à ses jugemens qu'à la gestion des différens comptables, l'organisation de cette partie a toujours été négligée jusqu'ici, et tout, pour ainsi dire, reste encore à faire. Cette négligence provient d'une part des évènemens de la révolution,

Importance d'une comptabilité bien organisée.

qui ont entraîné les esprits vers des considérations qui ont paru d'un intérêt plus urgent ; d'un autre côté, de l'abstraction et de l'aridité de cette matière à l'étude de laquelle peu de personnes se sont livrées.

Organisations antérieures à l'an 8.

Dans l'ancien régime, la comptabilité nationale fesait partie de l'ordre judiciaire; elle était confiée à douze chambres des comptes distribuées dans l'étendue du ci-devant royaume. Cette organisation dont les vices sont saillans, (quoiqu'elle offre des avantages dont on eût pu profiter) jointe au principe de détruire toutes les corporations, détermina l'assemblée constituante à substituer aux chambres des comptes une administration dirigée par quinze commissaires. Cette organisation nouvelle avait aussi ses inconvéniens et ses avantages. Il n'entre pas dans l'objet du présent écrit de discuter les uns et les autres; ce sera la matière d'un écrit particulier, si l'auteur est appelé à l'honneur de communiquer les vues que dix ans d'étude et les conseils des hommes éclairés sous lesquels il travaille, peuvent lui avoir fait naître. Je me bornerai aujourd'hui à indiquer les principales bases sur lesquelles me paraît devoir reposer le nouvel édifice de la trésorerie et de la comptabilité. Je réunis ces deux établissemens, parce qu'ils sont en effet inséparables, et qu'il ne peut exister aucun ordre dans les finances sans une comptabilité bien administrée.

La constitution de l'an 3, en consacrant l'existence d'une trésorerie et d'une comptabilité nationales, était entrée à cet égard dans des détails trop étendus pour un pacte social où doivent se trouver seulement les principes fondamentaux et invariables, qui établissent les droits et les devoirs de l'homme réuni en société. La constitution de l'an 8 a su éviter ce défaut. Elle s'est bornée à fixer à sept le nombre des commissaires qui doivent présider à la comptabilité constitutionnelle : elle a réservé aux pouvoirs exécutif et législatif la confection des lois organiques. Elle a supposé que le nombre de sept suffit, soit que les règlemens à intervenir considèrent la comptabilité nationale comme un tribunal, ou comme administration , ou enfin comme un corps participant des deux natures. Ce dernier parti me paraîtrait devoir être préféré ; il réunit les avantages des chambres des comptes et de la loi du 29 septembre 1791 : il évite les inconvéniens de ces deux régimes contraires.

Je pense donc que l'organisation future de la comptabilité doit comprendre deux parties distinctes ; l'une relative à l'administration où s'entretiendra la correspondance avec les comptables , où les comptes seront reçus et vérifiés , où l'on préparera tous les rapports provisoires et définitifs , etc. ; l'autre relative au tribunal , où les comptes seront jugés en dernier ressort , en présence des comptables ou de leurs fondés de pouvoirs. J'établirais en outre auprès de ce tribunal un bureau d'agence , chargé uniquement de poursuivre les comptables en débet ou en retard de compter , de l'apposition des scellés sur les caisses des comptables morts ou faillis ; enfin , de tous les actes conservatoires pour les droits de la nation. En cela je suivrais la loi du 28 pluviôse an 3 , qui avait établi un mode pareil. Les raisons qui me déterminent à l'adopter sont , d'un côté , l'applanissement des difficultés dans le ministère de l'agent , losque ses bureaux feront partie de la comptabilité nationale ; d'un autre côté , le soulagement de la trésorerie dont je cherche à simplifier singulièrement les opérations , ainsi qu'on le verra dans l'article qui la concerne.

Il conviendrait aussi de profiter dans cette organisation de l'idée heureuse du cit. *Goussard* , l'un des commissaires actuels de la comptabilité

Principales bases de l'organisation future de la comptabilité nationale.

nationale, qui a proposé le nombre de sept commissaires, accueilli par la constitution de l'an 8. Cette idée consiste à distribuer les sept commissaires en deux sections, qui jugeraient chacune de son côté (1). Il est incontestable que ce procédé abrégerait de beaucoup les opérations de la comptabilité.

Division de la comptabilité. Mais une question qui offre le plus grand intérêt et qui n'est pas encore résolue d'une manière satisfesante, bien qu'elle ait été souvent agitée, et malgré la loi du 2 messidor an 6, sur la comptabilité intermédiaire; c'est la question relative aux diverses natures de comptabilité, et à la manière de les juger.

On distingue deux sortes de comptabilité, la comptabilité *ancienne* et la comptabilité *nouvelle.*

La comptabilité *ancienne* est celle qui remonte du premier juillet 1791, époque de l'organisation de la trésorerie nationale au mois de janvier 1772, dernière année, à-peu-près, de la plûpart des comptes jugés par les chambres, et jusqu'en 1758 pour les apuremens.

La comptabilité *nouvelle* est celle qui part du premier juillet 1791 jusqu'à nos jours.

Mais cette dernière a elle-même un *arriéré* considérable, puisque presqu'aucun de ces comptes n'est arrêté, ni même présenté, ce qui forme comme une troisième espèce de comptabilité.

Comment procédera-t-on au jugement de ces trois comptabilités? Les confiera-t-on toutes les trois aux mêmes hommes? En chargera-t-on d'autres que les sept commissaires désignés par la constitution de l'an 8? Pour décider la question avec

---

(1) Voyez l'écrit du citoyen Goussard, imprimé chez Baudouin, et qui a pour titre : *De la Trésorerie et de la Comptabilité nationales dans l'ordre constitutionnel.*

connaissance de cause , il est indispensable d'entrer dans quelques détails.

La comptabilité *ancienne* fut dévolue au bureau de comptabilité , par la loi du 29 septembre 1791. La loi du 12 février 1792 qui organise ce bureau , fut modifiée par celle du 28 pluviôse. an 3. Lors de l'établissement de la dernière constitution , les commissaires , de quinze qu'ils étaient, furent réduits à cinq. Ils n'étaient chargés, par la constitution , que de l'examen et du jugement de la comptabilité constitutionnelle; cependant, comme cette comptabilité ne pouvait être en activité sur-le-champ , et qu'il était urgent de leur fournir de l'occupation jusqu'au moment où la comptabilité constitutionnelle pourrait leur être présentée, l'ancien corps législatif porta une loi le 18 frimaire an 4 , laquelle continua aux cinq nouveaux commissaires pris dans les quinze , les attributions du bureau de comptabilité. *(Attributions du bureau de comptabilité et de la comptabilité nationale.)*

Voilà donc les nouveaux commissaires chargés de la comptabilité *ancienne* depuis 1758 jusqu'au premier juillet 1791 , et de la comptabilité *nouvelle*, depuis l'établissement de la constitution jusqu'à sa chûte. Mais il existe dans ces attributions une lacune qui comprend une partie de *l'arriéré* de la comptabilité que j'ai nommée *nouvelle*; cette lacune date du premier juillet 1791 jusqu'au premier vendémiaire an 4 , époque de la mise en activité de la constitution de l'an 3.

Après bien des débats dans les deux conseils de l'ancien corps législatif, cette portion de comptabilité fut enfin confiée, par la loi du 2 messidor an 6 , à une commission spéciale composée de cinq membres. *(Comptabilité intermédiaire.)*

Cette loi est vicieuse en ce qu'elle divise et morcèle presque tous les comptes de l'exercice 1791 ; qu'elle peut causer des altercations, des conflicts de jurisdiction ; qu'elle offre des inconvéniens majeurs au sujet de pièces uniques, nécessaires *(Vices de la loi du 2 messidor an 6.)*

aux deux fragmens du compte de 1791, soumis à l'examen de deux autorités différentes. Il est vrai que les arrêtés de la commission intermédiaire ne sont que provisoires, et sont soumis à la révision des commissaires de la comptabilité nationale ; mais cela même est un vice, puisqu'il entraîne des lenteurs et des frais considérables. Il eût mieux valu les prévenir en attribuant la connaissance immédiate et directe de cette comptabilité aux commissaires constitutionnels, qui, nantis par ce moyen de l'ensemble de la comptabilité, auraient offert un résultat plus satisfesant que celui de la commission intermédiaire. L'économie et l'accélération des travaux réclament donc impérieusement la suppression de cette commission.

Manière de juger les comptabilités ancienne et arriérée.

Cette suppression effectuée, que deviendront la comptabilité *ancienne* depuis 1758, jusqu'au premier juillet 1791 (1), et l'*arriéré* depuis cette époque, jusqu'au premier vendémiaire an 8 ? J'estime que pour conserver l'unité si nécessaire dans toute opération, il faut en laisser la connaissance et l'examen aux sept commissaires de la constitution de l'an 8, mais avec les distinctions suivantes.

---

(1) Quoiqu'on pût croire, d'après la manière dont je m'énonce, que cette comptabilité *ancienne* est encore presque toute à juger, la vérité est qu'elle est très-avancée ; que la plûpart des comptes sont arrêtés définitivement ; que les autres sont ou vérifiés ou en état de rapport, ainsi qu'on peut s'en assurer en consultant le dernier compte rendu à l'ancien corps législatif, par les commissaires actuels de la comptabilité nationale, le 9 vendémiaire dernier ; enfin, que ces mêmes commissaires ont montré, depuis l'époque de leur installation, un zèle, une intelligence et une activité qui leur ont mérité de la part du corps legislatif la preuve la moins équivoque d'estime et de confiance, celle d'avoir été constamment réélus lors des différens tirages.

(9)

La comptabilité *ancienne* doit être jugée d'après les lois et les réglemens existans.

La comptabilité de l'*arriere*, qui comprend les années les plus orageuses de la révolution, ne peut être soumise aux mêmes règles ; tant à cause des incendies, pillages, incarcérations et autres évènemens qui ont mis les comptables dans l'impossibilité de remplir les formalités exigées dans des tems paisibles, qu'à cause du système du papier-monnaie, et du passage subit de ce système au cours du numéraire réel. Il sera donc nécessaire de proposer à cet égard des mesures moins rigoureuses, et peut-être de laisser à la conscience et à la probité des commissaires, de déterminer les cas où un comptable de bonne foi doit être dispensé des règles, car la rigueur des lois ne doit s'appesantir que sur les voleurs et les fripons, et non sur les victimes honnêtes des circonstances. Il est en outre indispensable, pour le prompt déblayement de toute la comptabilité *ancienne* et *arriérée* et pour aborder la comptabilité *constitutionnelle*, d'investir les commissaires élus par le sénat conservateur de toute la confiance et la plénitude de pouvoirs nécessaires pour hâter cette heureuse époque.

Quant à la comptabilité *constitutionnelle*, c'est-à-dire à celle qui tirera son origine de la constitution de l'an 8, il faut pour l'établir et la juger des règles fixes, invariables, différentes en partie de celles connues jusqu'aujourd'hui, qui seraient insuffisantes, quoiqu'elles offrent d'excellens matériaux. Il convient donc que les commissaires élus s'occupent de la rédaction d'un code de comptabilité formé d'après les anciens édits, ordonnances, déclarations, et d'après les lois nouvelles, en y comprenant les changemens, modifications et additions dont l'expérience et la pratique usuelle peuvent avoir démontré la nécessité. Peut-être serait-il également convenable d'établir un mode particulier de comptabilité pour chaque nature de comptes, ainsi qu'on l'a pratiqué dans l'ancien régime.

Présentation des comptes. Mais un des principaux fondemens de l'organisation de cette comptabilité, doit être la prompte présentation des comptes. Toutes les anciennes ordonnances, telles que celles des 27 mai 1310, 27 janvier 1359, premier mars 1388, etc. etc., portent les peines les plus graves contre les comptables en retard de compter. En effet, le défaut de présentation dans un bref délai après l'expiration de l'exercice, jette dans les finances un désordre irréparable. Sans cette prompte présentation, quel moyen aurait-on de constater la véritable situation des comptables? de s'assurer de l'exactitude de leur recette et de leur dépense? de découvrir les abus dont le laps de tems a effacé la trace? de prévenir la dissipation des fonds à laquelle ils semblent encouragés par l'incertitude d'un jugement dont ils entrevoient à peine l'époque? enfin d'obtenir le compte-général des recettes et des dépenses de la nation, si nécessaire à l'établissement et au maintien de l'ordre dans les finances?

Obligation de compter dans l'année qui suit l'exercice expiré. Je proposerai donc de faire revivre à cet égard le réglement du mois d'août 1669, ouvrage du judicieux Colbert. Par ce réglement, les comptables sont assujétis à présenter leurs comptes *une année après chaque exercice expiré.* On ne manquera pas d'objecter que cet article n'a jamais reçu d'exécution, et que l'ordonnance de 1693, et les déclarations des 31 décembre 1763 et 18 mars 1770, ont accordé aux comptables une prorogation de deux et même de trois ans. Mais je répondrai d'abord, que si l'ordonnance de 1669 n'a pas été exécutée quant à la présentation des comptes, ce n'a point été par l'impossibilité de l'exécution, mais uniquement parce que *l'obligation imposée aux comptables par cette même ordonnance, de faire arrêter au conseil les états au vrai,* a *rendu l'effet de cette loi illusoire* ; en second lieu, que les autres ordonnances et déclarations sont des lois d'exception accordées à quelques comptables favorisés et applicables seulement à certains exercices; enfin pour ôter aux comptables toute espèce de prétexte, je formerai le vœu de rétablir les receveurs-généraux *alternatifs*, créés par l'édit de décembre 1553 ; de manière que chacun d'eux, à la fin de son exercice pair ou impair, n'ayant autre chose à faire dans l'année suivante, qu'à mettre en ordre sa comptabilité, serait à même de compter dans les délais prescrits. J'établirais le même ordre pour les payeurs-généraux et autres comptables, et ce procédé procurerait à la nation de grands avantages, car, indépendamment de l'accélération de la comptabilité, (objet principal) il fournirait au trésor public des fonds plus considérables provenant des cautionnemens, et diminuerait les risques du divertissement des deniers.

Il serait à desirer, d'après cela, que la comptabilité nationale s'organisât de manière à juger ces comptes l'année suivante, afin que deux ans après l'expiration de chaque exercice, elle fût en état d'offrir à la nation, le tableau général de ses recettes et de ses dépenses (1). Par là l'ordre se rétablirait ; les recettes s'effectueraient ; les dépenses s'acquitteraient exactement ; on connaîtrait les obligations et les ressources de l'état et la confiance renaîtrait, par une suite d'une bonne administration.

Compte général présenté à la nation.

Mais pour concourir à l'établissement de cette bonne administration, il faudrait mettre en pratique la sage maxime de Sully dans ses mémoires,

Recettes invariablement affectées aux dépenses.

---

(1) Voyez les ordonnances des 18 juillet 1318, 7 janvier 1407, 18 avril 1504, et 8 juin 1532.

et dont Henri IV ne se départit jamais, c'est de peser mûrement les dépenses ordinaires et extraordinaires, de combiner les impôts sur les besoins, d'appliquer chaque portion de revenu public à une partie de la dépense, et de ne jamais souffrir, sous aucun prétexte, que les fonds soient détournés de leur destination.

Anticipations.

Le meilleur moyen d'éviter ce vice d'administration, c'est de ne jamais consentir à aucune anticipation sur les revenus de l'état ; ressource factice, système subversif de tout ordre, palliatif qui empire le mal au lieu de le guérir ; car la nation paye par ce moyen d'énormes intérêts pour des prêts qu'on ne lui fait que sur ses propres fonds.

Receveurs et payeurs généraux des départemens.

Il est utile qu'en laissant subsister un receveur général et un payeur général dans chaque département ou arrondissement, (mais les rendant toutefois *alternatifs*, comme j'ai prouvé qu'il le fallait), on continue à exiger des premiers des obligations payables chaque mois pour le douzième de leur recette annuelle présumée. Rien de plus clair alors que la comptabilité des uns et des autres, puisqu'ils ne seront réciproquement chargés que de la recette ou de la dépense, et qu'ayant une année de repos, rien ne s'opposera plus à la reddition de leurs comptes dans les délais de l'ordonnance de 1669. Il est inutile, je crois, d'observer que ces comptes doivent arriver immédiatement à la comptabilité nationale, et que les receveurs généraux ne peuvent rien avoir à démêler avec la trésorerie, que par rapport aux versemens qu'ils font dans sa caisse.

Trésorerie nationale.

Par une suite de ces principes, et pour simplifier autant que possible les opérations de la trésorerie nationale, dont le compte est le contrôle de toutes les comptabilités (puisqu'il sert à constater ce que les autres comptables ont pris ou versé dans la caisse publique) il faut nécessairement que cette administration compte aussi dans l'année qui suit chaque exercice expiré, et qu'on en retranche tout ce qui y est étranger, comme le grand livre, les paiemens des rentes et des pensions, l'agence pour la poursuite des comptables, les bureaux relatifs au dressement des comptes des faillis et absens, etc. etc. etc. Ainsi elle se trouverait réduite à la recette générale de tous les revenus publics, et au seul acquit des crédits ouverts en vertu des lois, ce qui rendrait sa comptabilité extrêmement simple et facile ; et pour la faciliter encore plus, j'établirais dans son sein deux receveurs et payeurs généraux *alternatifs* soumis aux mêmes obligations que ceux des départemens ; le tout sous la surveillance d'un ministre, et dans les formes fixées par l'art. 56 de la constitution actuelle.

Les ministères, l'enregistrement, les monnaies, les postes, la loterie, les douanes, les receveurs généraux, et généralement toutes les administrations et établissemens quelconques *recevant des fonds du trésor public*, devront compter *directement* et *annuellement* à la comptabilité nationale, laquelle ensuite avec tous ces comptes particuliers formera le compte ou bordereau général des recettes et dépenses nationales.

Administrations publiques.

J'insisterai d'autant plus particulièrement sur les comptes des ministres, que par l'art. 57 de la constitution, ils ne sont astreints qu'à fournir une espèce d'état au vrai et de situation, mais que le véritable compte, appuyé des pièces justificatives, doit nécessairement aller à la comptabilité nationale, seule autorité compétente pour le juger, à qui d'ailleurs ce compte est nécessaire pour dresser le bordereau général ; mais il faut pour cela qu'il soit établi auprès de chaque ministère un trésorier *responsable.*

Comptes des ministres.

Conclusion. Telles sont les principales bases que j'ai cru devoir proposer, dans la conviction où je suis que le bonheur de la France dépend de l'ordre dans les finances ; que cet ordre ne peut s'y rétablir qu'autant qu'il existera dans la comptabilité ; et qu'ainsi il est de la plus urgente nécessité de s'occuper sérieusement et promptement de son organisation. Que ne puis-je inculquer cette grande vérité avec la même force que je la sens ! Sans doute la plûpart de ces idées ne sont pas nouvelles ; aussi ne prétens-je point à l'honneur de l'invention. Je ne me dissimule pas d'ailleurs l'insuffisance de mes moyens. Tout autre aurait exposé les mêmes vues d'un style plus énergique ou plus fleuri ; mais j'ai pensé que la vérité n'a pas besoin de fard : je me suis flatté que la persuasion me tiendrait lieu d'éloquence ; et quand je n'aurais présenté qu'une idée utile, je me glorifierais d'avoir contribué, pour ma part, à la régénération actuelle, d'avoir secondé en quelque sorte les efforts des hommes généreux qui travaillent à notre bonheur et parmi lesquels il en est un dont je n'ai pas attendu l'élévation pour le louer, qui repousserait mon encens si j'écartais le voile dont sa modestie se plaît à se couvrir, et dont je tâcherai de mériter toujours l'estime et la bienveillance.

De l'Imprimerie de FORGET, rue des Grands-Augustins, n°. 25 , vis-à-vis celle Christine.